Gewidmet

Allen Schreibenden

Habt Spaß!

Die Feder kritzelt: Hölle das!
Bin ich verdammt zum Kritzeln-Müssen? -
So greif' ich kühn zum Tintenfass
und schreib' mit dicken Tintenflüssen.
Wie läuft das hin, so voll, so breit!
Wie glückt mir alles, wie ich's treibe!
Zwar fehlt der Schrift die Deutlichkeit -
Was tut's? Wer liest denn, was ich schreibe?

Friedrich Nietzsche

Aufschlagen & Schreiben

Das Workbook I

101 neue Schreibideen

Von Caroline Susemihl

Bibliografische Information der Deutschen Nationalbibliothek:
Die Deutsche Nationalbibliothek verzeichnet diese Publikation in der Deutschen Nationalbibliografie; detaillierte bibliografische Daten sind im Internet über http://dnb.dnb.de abrufbar.

© 2015 **Caroline Susemihl**

Illustration: **Jörg Susemihl**

Herstellung und Verlag: BoD – Books on Demand, Norderstedt

ISBN: 978-3-7347-7752-3

Vorwort

Das Aufschlagen & Schreiben – Workbook ist die logische Fortsetzung des Ideenratgebers Aufschlagen & Schreiben. Es enthält 101 neue Schreibanregungen in Form von Anfangssätzen und Wortsets, die in Texten verwendet werden sollen. Interessante Aufgabenstellungen wie: Mythen schreiben, Zeitungsartikel, Was-wäre-wenn-Texte usw.

Du kannst das Buch bequem mitnehmen und brauchst nur einen Stift, um jederzeit loszulegen. Such dir aus, was dich gerade besonders anspricht. So lässt sich nicht nur Wartezeit positiv und kreativ nutzen. Eine Doppelseite ist schneller beschrieben, als du denkst und die Texte können zu einem späteren Zeitpunkt weiter bearbeitet oder fortgesetzt werden.

Ein Extra-Tipp: *Such dir aus deinem Text einen besonders treffenden oder gutgelungenen Satz heraus und benutze ihn als Anfangssatz für eine weitere Geschichte.*

Und wie im Ideengeber „Aufschlagen & Schreiben" festgestellt:

Themaverfehlungen erlaubt und erwünscht!

Wichtig ist die Freude am Schreiben.

Eure Caroline

http://carolinesusemihl.wordpress.com
https://schreiberlebentipps.wordpress.com

1. Der Satz mit dem Schriftsteller keine Geschichte beginnen sollten *g*. Überrasch deinen Leser mit einer ungewöhnlichen Wendung: Es war eine dunkle stürmische Nacht …

2. Rose, Veilchen, Chrysantheme, Löwenzahn, Kornblume. Schreibe einen Text, in dem alle Blumen vorkommen.

3. Es war im Jahr 1923, (be)vor … , als …

4. Pfeffer, Nelken, Chili, Curry, Basilikum, Muskat. Schreibe einen scharfen Text.

5. Es begann damit, das …

6. Sein/Ihr Geschmack bei Frauen/Männern war …

7. Er reichte ihr den Brief und sagte: „ …

8. Karussell, Andenken, gruselig, intensiv, Unsinn, verletzt. Schreibe einen Text mit allen Worten.

9. Immer wenn sie von Venedig sprach ...

10. Andrang, Trophäe, Kamingitter, atmen, Duft, Schublade. Benutze alle Worte in deinem Text.

11. Ich glaube, du solltest wissen …

12. Das letzte Mal, als er/sie …

13. „Komm schon! Wir müssen uns beeilen, …"

14. „Erinnerst du dich an …

15. Er saß im Café Amadeo, bestellte … und …

16. Verrückt, unsinnig, aussichtslos, nervös, zynisch, lieblich. Benutze aller Worte in deinem Text.

17. Als der Strom ausfiel …

18. Schreibe über: Verlust.

19. Im glitzernden Strom meiner Erinnerungen …

20. Ein Satz: Welches Zitat soll auf deinem Grabstein stehen?
- **Schreibe deinen Nachruf.**

21. Schreibe über: Gewinn(en).

22. Sie stand seit einer halben Stunde vor der Wohnungstür und wartete, ...

23. Du befindest dich plötzlich in deinem Lieblingsfilm/Serie. Schreibe eine Szene mit dir darin.

24. Der Feueralarm ging los und …

25. Mein Name ist … und ich …

26. Du bekommst unerwartet Besuch von Aphrodite, die etwas Wichtiges mit dir zu besprechen hat. Was will sie von dir?

27. Es war einmal, in einem weit, weit entfernten Königreich …

28. Amor zielte, schoss und …

29. Dein Lieblingsfilm – oder Buchheld benötigt dringend deine Hilfe. Um was geht es? Was passiert?

30. Schreibe deinen eigenen Mythos über den Ursprung der Welt.

31. Schreibe eine Liebesgeschichte. Verwende die Worte: Streit, auf und davon, Gewitter, kaputt, nie wieder.

32. Schreibe einen Mythos: Warum haben Klapperschlangen eine „Klapper"?

_____
_____
_____
_____
_____
_____
_____
_____
_____
_____
_____
_____
_____
_____
_____
_____
_____
_____
_____
_____

33. Wenn ein Schmetterling mit den Flügeln schlägt, dann …

34. Schreibe über: Verwandlung.

35. Du erwachst und musst entsetzt feststellen, dass …

36. Schreibe die ersten sechs blauen Dinge auf, die du siehst. Benutze alle sechs in deinem Text.

37. Was ist passiert: „Glaub mir, das war der schlimmste Tag in meinem Leben!"

38. Der Zauberer hob seinen Stab und …

39. Schreibe den letzten Traum auf, an den du dich erinnern kannst. Oder erfinde einen ☺.

40. Ballon, Dompteur, Ringe, eiserne Jungfrau, Wohnwagen, Heringe. Schreibe eine Zirkusgeschichte.

41. Ich weiß nicht warum, aber …

42. Schreibe 10 rote Dinge auf und schreibe eine rote Geschichte.

43. Opfer, Alibi, Münze, Kommissar, Beil, Blutlache, Zuckerwürfel, Abdruck. Verwende die Worte in deinem Text. Beginne mit dem Satz: „Ich glaube nicht, dass das ein Unfall war."

44. Liebe/r … , schreibe einen Brief an deine erste große Liebe.

45. Ein Mann sieht seine Frau, von der er dachte, sie sei bei einem Unfall ums Leben gekommen. Was tut er? Erzähle …

46. Er fragte: „Doppelt oder nichts." – „ …. ", antwortete sie …

47. Das Ticken der Uhr verstummte und …

48. Schreibe einen reinen Dialog: „Erklär mir das!", brüllte er. „ .... ",
antwortete sie/er.

49. Orientexpress, Indien, Salonwagen, 5 o`clock Tea, Lady Isabelle, verloren, Aufregung, glitzern. Benutze alle Worte in deinem Text.

50. „Lüg mich nicht an! Ich weiß genau …"

51. Schreibe eine süße Geschichte. Oder lieber eine Sauere?

52. „Das Witzige an der Sache ist … ", sagte sie und ihr traten Tränen in die Augen …

53. Schreibe eine Szene auf einem Maskenball, kurz bevor die Masken fallen.

54. Schreibe einen Text über eine Verwechslung.

55. Nimm dir ein Buch. Schlage eine beliebige Seite auf. Schreibe dir sechs Worte heraus, die dir gefallen. Verwende sie in deinem Text.

56. Ich war sprachlos, als …

57. Erzähle, was nach: Und sie lebten glücklich und zufrieden, wirklich passierte.

58. Schreibe über den Ort, an dem du dich gerade befindest.

59. Rumpelstilzchen begegnet Rotkäppchen. Was passiert?

60. Schreibe den Tagebucheintrag einer 34jährigen Wahrsagerin, die jemandem etwas Schreckliches mitteilen musste.

61. „Oh, nein! Warum …"

62. Es war an einem stillen Tag im Dezember, als …

63. Schreibe den Tagebucheintrag eines 42jährigen Arztes, der neben seiner Frau eine Affäre mit ihrer Schwester hat.

64. Schreibe eine Geschichte, in der dein Lieblingslied eine Hauptrolle spielt.

65. Schreibe eine Theatergeschichte.

66. Schreibe einen reißerischen Zeitungsartikel mit der Schlagzeile: „Alienraumschiff auf dem Marktplatz gelandet."

67. In der Mythologie sind Raben und Eulen Seelenvögel. Sie begleiten die Seele ins Jenseits. Schreibe eine Geschichte in der sich ein Rabe und eine Eule um eine Seele streiten.

68. Schreibe eine Geschichte in der Aschenputtel die „Böse" und die Stiefschwestern die „Guten" sind.

69. Schreibe einen Mythos: Warum behalten Tannen im Winter ihre Nadeln?

70. Schreibe einen Tagebucheintrag deines Lieblingssuperhelden.

71. Was wäre, wenn am Ende eines Regenbogens Goldtöpfe vergraben wären?

72. Was wäre, wenn es Feen gäbe, die drei Wünsche erfüllen?

73. Was wäre, wenn du in deinem eigenen Leben in der Zeit zurückreisen könntest? Wohin reist du?

74. Was wäre, wenn du ewig leben könntest? Würdest du die Chance ergreifen, egal was es kostet?

75. Was würdest du tun, wenn du wüsstest, dass die Welt nur noch drei Monate existieren würde?

76. Schreibe eine Geschichte, in der sich jemand unsichtbar machen kann.

77. Schreibe einen deiner Texte aus diesem Buch, aus der Perspektive einer anderen Person.

78. Nimm dir ein Fremdwortlexikon. Such dir 5 beliebige Fremdworte heraus. Benutze sie sinnvoll (oder unsinnig) in deinem Text.

79. Du triffst einen Engel, obwohl du genau weißt, dass es keine gibt. Wie? Wo? Warum?

80. Schreibe einen Zeitungsartikel mit der Schlagzeile: „Mysteriöser Leichenfund vor Altar in Dorfkirche".

81. Raumschiff, dunkle Materie, Bordcomputer, Android, Espresso, dickes Ding. Benutze alle Worte in deinem Text.

82. Das Monster unter meinem Bett schluchzte herzzerreißend …

83. Ich erinnere mich an den Sommer (Jahr) … Schreibe einen biografischen oder fiktiven Text.

84. Schreibe eine zweideutige Szene. Beginne mit dem Satz: „Es ist nicht so, wie es aussieht!"

85. „Schuldig oder nicht? Was meinen sie?" …

86. Schreibe über Ewigkeit.

87. Schreibe über Vergänglichkeit.

88. Schreibe einen Mythos: Warum Katzen neun Leben haben?

89. Schreibe aus deinem Lieblingsgedicht sechs schöne Worte heraus. Schreibe mit deinen Worten ein neues Gedicht oder einen Text.

90. Schreibe eine Geschichte, in der jemand „Schwarz sieht".

91. Schreibe eine Geschichte, in der ein Unfall das auslösende Ereignis ist.

92. Schreibe eine Geschichte, in der jemand „Rot sieht".

93. Stell dir vor, du hast schon einmal gelebt. Wo? Wann? Wer warst du? Erzähl aus deinem Leben.

94. Das Telefon klingelt. David nimmt ab. „Bitte helfen sie mir!", hört er eine panische Stimme ...

95. Sie erwachte durch die außergewöhnliche Stille …

96. Schreibe einen deiner Texte aus diesem Buch noch einmal in 7-Wort-Sätzen.

97. Schreibe eine historische Geschichte, in der ein moderner Gegenstand auftaucht.

98. Sie konnte nicht aufhören …

99. Schreibe über den Duft der Großstadt.

100. Schreibe über Freundschaft.

101. Nimm eine (Tages-) Zeitung. Bilde aus den Schlagzeilen 10 Buchtitel. Schreibe zu einem der Titel den ersten Absatz einer Geschichte.

Aufschlagen & Schreiben

„Wir schreiben, um die Grenzen unseres Lebens zu überschreiten, um darüber hinausreichen zu können", schrieb Anaïs Nin. Daran hat sich nichts geändert, sei es Fiktion oder Biografie. Auf dem Papier leben wir viele Leben, erzählen Geschichten und Geschichte, erklären und klären uns. Werden ein kleines Stück unsterblich. Und doch ist da die Angst vor dem weißen Blatt. Wie beginne ich einen Text? Wie gelange ich an meine Erinnerungen? Woher nehme ich die Inspiration für ein Gedicht? Das vorliegende Büchlein

soll dem Schreibenden helfen, ohne langatmige Erklärungen anzufangen. Die Aufgaben und Inspirationen werden von kurzen, prägnanten Instruktionen begleitet und können sofort angewendet werden. Einfach eine Seite aufschlagen und jederzeit anfangen. Dazu gibt es unter dem Thema: Etwas Handwerk, praktische konkrete Tipps zur Textarbeit. Ich wünsche den Schreibenden viel Freude beim Ausprobieren der zusammengetragenen Aufgaben, die sich auch für Schreibgruppen eignen.

ISBN: 978-3-7347-7529-1